suhrkamp taschenbuch 4468

W0190954

Die Schönheit der Gedichte Paul Celans und die künstlerische Radikalität des Autors haben Ben Becker seit der ersten Lektüre fasziniert. Für den Suhrkamp Verlag hat er die für ihn wichtigsten Gedichte ausgewählt.

Paul Celan, geboren 1920 in Czernowitz (im damaligen Rumänien, heute Ukraine), starb 1970 in Paris. Er gilt als einer der bedeutendsten deutschsprachigen Lyriker nach dem Zweiten Weltkrieg.

Ben Becker, geboren 1964 in Bremen, ist Schauspieler, Sänger und Regisseur. Bekannt wurde er unter anderem mit Filmen wie *Comedian Harmonists* und *Gloomy Sunday*.

Paul Celan
»Die Jahre von dir zu mir«

Ein Lesebuch mit einem Nachwort
von Ben Becker

Suhrkamp

Umschlagfoto: Markus Tedeskino

Erste Auflage 2013
suhrkamp taschenbuch 4468
Originalausgabe
© Suhrkamp Verlag Berlin 2013
für die Gedichte aus *Mohn und Gedächtnis* und
Von Schwelle zu Schwelle:
© 1993/1982 Deutsche Verlags-Anstalt, München,
in der Verlagsgruppe Random House GmbH
für die Gedichte aus *Sprachgitter* und *Die Niemandsrose*:
© S. Fischer Verlag, Frankfurt am Main, 1959/1963
Drucknachweise finden sich auf Seite 106.
Suhrkamp Taschenbuch Verlag
Alle Rechte vorbehalten, insbesondere das der Übersetzung,
des öffentlichen Vortrags sowie der Übertragung durch Rundfunk
und Fernsehen, auch einzelner Teile.
Kein Teil des Werkes darf in irgendeiner Form (durch Fotografie,
Mikrofilm oder andere Verfahren) ohne schriftliche Genehmigung
des Verlages reproduziert oder unter Verwendung elektronischer
Systeme verarbeitet, vervielfältigt oder verbreitet werden.
Umschlag: Regina Göllner und Hermann Michels
Satz: Hümmer GmbH, Waldbüttelbrunn
Druck: CPI – Ebner & Spiegel, Ulm
Printed in Germany
ISBN 978-3-518-46468-7

»Die Jahre von dir zu mir«

DRÜBEN

Erst jenseits der Kastanien ist die Welt.

Von dort kommt nachts ein Wind im Wolkenwagen
und irgendwer steht auf dahier ...
Den will er über die Kastanien tragen:
»Bei mir ist Engelsüß und roter Fingerhut bei mir!
Erst jenseits der Kastanien ist die Welt ...«

Dann zirp ich leise, wie es Heimchen tun,
dann halt ich ihn, dann muß er sich verwehren:
ihm legt mein Ruf sich ums Gelenk!
Den Wind hör ich in vielen Nächten wiederkehren:
»Bei mir flammt Ferne, bei dir ist es eng ...«
Dann zirp ich leise, wie es Heimchen tun.

Doch wenn die Nacht auch heut sich nicht erhellt
und wiederkommt der Wind im Wolkenwagen:
»Bei mir ist Engelsüß und roter Fingerhut bei mir!«
Und will ihn über die Kastanien tragen –
dann halt, dann halt ich ihn nicht hier ...

Erst jenseits der Kastanien ist die Welt.

SCHLAFLIED

Über die Ferne der finsteren Fluren
hebt mich mein Stern in dein schwärmendes Blut.
Nicht mehr am Weh, das wir beide erfuhren,
rätselt, der leicht in der Dämmerung ruht.

Wie soll er, Süße, dich betten und wiegen,
daß seine Seele das Schlummerlied krönt?
Nirgends, wo Traum ist und Liebende liegen,
hat je ein Schweigen so seltsam getönt.

Nun, wenn nur Wimpern die Stunden begrenzen,
tut sich das Leben der Dunkelheit kund.
Schließe, Geliebte, die Augen, die glänzen.
Nichts mehr sei Welt als dein schimmernder Mund.

Espenbaum, dein Laub blickt weiß ins Dunkel.
Meiner Mutter Haar ward nimmer weiß.

Löwenzahn, so grün ist die Ukraine.
Meine blonde Mutter kam nicht heim.

Regenwolke, säumst du an den Brunnen?
Meine leise Mutter weint für alle.

Runder Stern, du schlingst die goldne Schleife.
Meiner Mutter Herz ward wund von Blei.

Eichne Tür, wer hob dich aus den Angeln?
Meine sanfte Mutter kann nicht kommen.

Es fällt nun, Mutter, Schnee in der Ukraine:
des Heilands Kranz aus tausend Körnchen Kummer.
Von meinen Tränen hier erreicht dich keine.
Von frühern Winken nur ein stolzer stummer ...

Wir sterben schon: was schläfst du nicht, Baracke?
Auch dieser Wind geht um wie ein Verscheuchter ...
Sind sie es denn, die frieren in der Schlacke –
die Herzen Fahnen und die Arme Leuchter?

Ich blieb derselbe in den Finsternissen:
erlöst das Linde und entblößt das Scharfe?
Von meinen Sternen nur wehn noch zerrissen
die Saiten einer überlauten Harfe ...

Dran hängt zuweilen eine Rosenstunde.
Verlöschend. Eine. Immer eine ...
Was wär es, Mutter: Wachstum oder Wunde –
versänk auch ich im Schneewehn der Ukraine?

WOLFSBOHNE

... o

Ihr Blüten von Deutschland, o mein Herz wird
Untrügbarer Kristall, an dem
Das Licht sich prüfet, wenn   Deutschland
            Hölderlin, Vom Abgrund nämlich ...

... wie an den Häusern der Juden (zum
Andenken des ruinirten Jerusalem's), immer
etwas unvollendet gelassen werden
muß ...

            Jean Paul, Das Kampaner Thal

Leg den Riegel vor: Es
sind Rosen im Haus.
Es sind
sieben Rosen im Haus.
Es ist
der Siebenleuchter im Haus.
Unser
Kind
weiß es und schläft.

(Weit, in Michailowka, in
der Ukraine, wo
sie mir Vater und Mutter erschlugen: was
blühte dort, was
blüht dort? Welche
Blume, Mutter,
tat dir dort weh
mit ihrem Namen?

Mutter, dir,
die du *Wolfsbohne* sagtest, nicht:
Lupine.

Gestern
kam einer von ihnen und
tötete dich
zum andern Mal in
meinem Gedicht.

Mutter.
Mutter, wessen
Hand hab ich gedrückt,
da ich mit deinen
Worten ging nach
Deutschland?

In Aussig, sagtest du immer, in
Aussig an
der Elbe,
auf
der Flucht.
Mutter, es wohnten dort
Mörder.

Mutter, ich habe
Briefe geschrieben.
Mutter, es kam keine Antwort.
Mutter, es kam eine Antwort.
Mutter, ich habe

Briefe geschrieben an –
Mutter, sie schreiben Gedichte.
Mutter, sie schrieben sie nicht,
wär das Gedicht nicht, das
ich geschrieben hab, um
deinetwillen, um
deines
Gottes
willen.
Gelobt, sprachst du, sei
der Ewige und
gepriesen, drei-
mal
Amen.

Mutter, sie schweigen.
Mutter, sie dulden es, daß
die Niedertracht mich verleumdet.
Mutter, keiner
fällt den Mördern ins Wort.

Mutter, sie schreiben Gedichte.
O
Mutter, wieviel
fremdester Acker trägt deine Frucht!
Trägt sie und nährt
die da töten!

Mutter, ich
bin verloren.

Mutter, wir
sind verloren.
Mutter, mein Kind, das
dir ähnlich sieht.)

Leg den Riegel vor: Es
sind Rosen im Haus.
Es sind
sieben Rosen im Haus.
Es ist
der Siebenleuchter im Haus.
Unser
Kind
weiß es und schläft.

DIE JAHRE VON DIR ZU MIR

Wieder wellt sich dein Haar, wenn ich wein. Mit dem
                                        Blau deiner Augen
deckst du den Tisch unsrer Liebe: ein Bett zwischen
                                        Sommer und Herbst.
Wir trinken, was einer gebraut, der nicht ich war,
                            noch du, noch ein dritter:
wir schlürfen ein Leeres und Letztes.

Wir sehen uns zu in den Spiegeln der Tiefsee und reichen
                                uns rascher die Speisen:
die Nacht ist die Nacht, sie beginnt mit dem Morgen,
sie legt mich zu dir.

CORONA

Aus der Hand frißt der Herbst mir sein Blatt: wir sind
Freunde.
Wir schälen die Zeit aus den Nüssen und lehren sie gehn:
die Zeit kehrt zurück in die Schale.

Im Spiegel ist Sonntag,
im Traum wird geschlafen,
der Mund redet wahr.

Mein Aug steigt hinab zum Geschlecht der Geliebten:
wir sehen uns an,
wir sagen uns Dunkles,
wir lieben einander wie Mohn und Gedächtnis,
wir schlafen wie Wein in den Muscheln,
wie das Meer im Blutstrahl des Mondes.

Wir stehen umschlungen im Fenster, sie sehen uns zu
von der Straße:
es ist Zeit, daß man weiß!
Es ist Zeit, daß der Stein sich zu blühen bequemt,
daß der Unrast ein Herz schlägt.
Es ist Zeit, daß es Zeit wird.

Es ist Zeit.

TODESFUGE

Schwarze Milch der Frühe wir trinken sie abends
wir trinken sie mittags und morgens wir trinken sie nachts
wir trinken und trinken
wir schaufeln ein Grab in den Lüften da liegt man nicht
                                                    eng
Ein Mann wohnt im Haus der spielt mit den Schlangen
                                        der schreibt
der schreibt wenn es dunkelt nach Deutschland dein
                        goldenes Haar Margarete
er schreibt es und tritt vor das Haus und es blitzen die
                Sterne er pfeift seine Rüden herbei
er pfeift seine Juden hervor läßt schaufeln ein Grab in
                                        der Erde
er befiehlt uns spielt auf nun zum Tanz

Schwarze Milch der Frühe wir trinken dich nachts
wir trinken dich morgens und mittags wir trinken dich
                                        abends
wir trinken und trinken
Ein Mann wohnt im Haus der spielt mit den Schlangen
                                        der schreibt
der schreibt wenn es dunkelt nach Deutschland dein
                        goldenes Haar Margarete
Dein aschenes Haar Sulamith wir schaufeln ein Grab
            in den Lüften da liegt man nicht eng

Er ruft stecht tiefer ins Erdreich ihr einen ihr andern
                              singet und spielt
er greift nach dem Eisen im Gurt er schwingts seine
                              Augen sind blau
stecht tiefer die Spaten ihr einen ihr andern spielt weiter
                              zum Tanz auf

Schwarze Milch der Frühe wir trinken dich nachts
wir trinken dich mittags und morgens wir trinken dich
                              abends
wir trinken und trinken
ein Mann wohnt im Haus dein goldenes Haar Margarete
dein aschenes Haar Sulamith er spielt mit den Schlangen

Er ruft spielt süßer den Tod der Tod ist ein Meister
                              aus Deutschland
er ruft streicht dunkler die Geigen dann steigt ihr als
                              Rauch in die Luft
dann habt ihr ein Grab in den Wolken da liegt man nicht
                              eng

Schwarze Milch der Frühe wir trinken dich nachts
wir trinken dich mittags der Tod ist ein Meister aus
                              Deutschland
wir trinken dich abends und morgens wir trinken und
                              trinken
der Tod ist ein Meister aus Deutschland sein Auge ist
                              blau
er trifft dich mit bleierner Kugel er trifft dich genau
ein Mann wohnt im Haus dein goldenes Haar Margarete

er hetzt seine Rüden auf uns er schenkt uns ein Grab
in der Luft
er spielt mit den Schlangen und träumet der Tod ist ein
Meister aus Deutschland

dein goldenes Haar Margarete
dein aschenes Haar Sulamith

AUF REISEN

Es ist eine Stunde, die macht dir den Staub zum Gefolge,
dein Haus in Paris zur Opferstatt deiner Hände,
dein schwarzes Aug zum schwärzesten Auge.

Es ist ein Gehöft, da hält ein Gespann für dein Herz.
Dein Haar möchte wehn, wenn du fährst – das ist ihm
                                        verboten.
Die bleiben und winken, wissen es nicht.

LEUCHTEN

Schweigenden Leibes
liegst du im Sand neben mir,
Übersternte.

. . . .

Brach sich ein Strahl
herüber zu mir?
Oder war es der Stab,
den man brach über uns,
der so leuchtet?

Stein, aus dem ich dich schnitzt,
als die Nacht ihre Wälder verheerte:
ich schnitzt dich als Baum
und hüllt dich ins Braun meines leisesten Spruchs
wie in Borke –

Ein Vogel,
der rundesten Träne entschlüpft,
regt sich wie Laub über dir:

du kannst warten,
bis unter allen den Augen ein Sandkorn dir aufglimmt,
ein Körnchen Sands,
das mir träumen half,
als ich niedertaucht, dich zu finden –

Du treibst ihm die Wurzel entgegen,
die dich flügge macht, wenn der Boden von Tod glüht,
du reckst dich empor,
und ich schweb dir voraus als ein Blatt,
das weiß, wo die Tore sich auftun.

ZWIEGESTALT

Laß dein Aug in der Kammer sein eine Kerze,
den Blick einen Docht,
laß mich blind genug sein,
ihn zu entzünden.

Nein.
Laß anderes sein.

Tritt vor dein Haus,
schirr deinen scheckigen Traum an,
laß seine Hufe reden
zum Schnee, den du fortbliest
vom First meiner Seele.

BRETONISCHER STRAND

Versammelt ist, was wir sahen,
zum Abschied von dir und von mir:
das Meer, das uns Nächte an Land warf,
der Sand, der sie mit uns durchflogen,
das rostrote Heidekraut droben,
darin die Welt uns geschah.

DER GAST

Lange vor Abend
kehrt bei dir ein, der den Gruß getauscht mit dem Dunkel.
Lange vor Tag
wacht er auf
und facht, eh er geht, einen Schlaf an,
einen Schlaf, durchklungen von Schritten:
du hörst ihn die Fernen durchmessen
und wirfst deine Seele dorthin.

DIE HALDE

Neben mir lebst du, gleich mir:
als ein Stein
in der eingesunkenen Wange der Nacht.

O diese Halde, Geliebte,
wo wir pausenlos rollen,
wir Steine,
von Rinnsal zu Rinnsal.
Runder von Mal zu Mal.
Ähnlicher. Fremder.

O dieses trunkene Aug,
das hier umherirrt wie wir
und uns zuweilen
staunend in eins schaut.

NÄCHTLICH GESCHÜRZT

Für Hannah und Hermann Lenz

Nächtlich geschürzt
die Lippen der Blumen,
gekreuzt und verschränkt
die Schäfte der Fichten,
ergraut das Moos, erschüttert der Stein,
erwacht zum unendlichen Fluge
die Dohlen über dem Gletscher:

dies ist die Gegend, wo
rasten, die wir ereilt:

sie werden die Stunde nicht nennen,
die Flocken nicht zählen,
den Wassern nicht folgen ans Wehr.

Sie stehen getrennt in der Welt,
ein jeglicher bei seiner Nacht,
ein jeglicher bei seinem Tode,
unwirsch, barhaupt, bereift
von Nahem und Fernem.

Sie tragen die Schuld ab, die ihren Ursprung beseelte,
sie tragen sie ab an ein Wort,
das zu Unrecht besteht, wie der Sommer.

Ein Wort – du weißt:
eine Leiche.

Laß uns sie waschen,
laß uns sie kämmen,
laß uns ihr Aug
himmelwärts wenden.

Stimmen, ins Grün
der Wasserfläche geritzt.
Wenn der Eisvogel taucht,
sirrt die Sekunde:

Was zu dir stand
an jedem der Ufer,
es tritt
gemäht in ein anderes Bild.

✻

Stimmen vom Nesselweg her:

Komm auf den Händen zu uns.
Wer mit der Lampe allein ist,
hat nur die Hand, draus zu lesen.

✻

Stimmen, nachtdurchwachsen, Stränge,
an die du die Glocke hängst.

Wölbe dich, Welt:
Wenn die Totenmuschel heranschwimmt,
will es hier läuten.

✻

Stimmen, vor denen dein Herz
ins Herz deiner Mutter zurückweicht.
Stimmen vom Galgenbaum her,
wo Spätholz und Frühholz die Ringe
tauschen und tauschen.

*

Stimmen, kehlig, im Grus,
darin auch Unendliches schaufelt,
(herz-)
schleimiges Rinnsal.

Setz hier die Boote aus, Kind,
die ich bemannte:

Wenn mittschiffs die Bö sich ins Recht setzt,
treten die Klammern zusammen.

*

Jakobsstimme:

Die Tränen.
Die Tränen im Bruderaug.
Eine blieb hängen, wuchs.
Wir wohnen darin.
Atme, daß
sie sich löse.

*

Stimmen im Innern der Arche:

Es sind
nur die Münder
geborgen. Ihr
Sinkenden, hört
auch uns.

❊

Keine
Stimme – ein
Spätgeräusch, stundenfremd, deinen
Gedanken geschenkt, hier, endlich
herbeigewacht: ein
Fruchtblatt, augengroß, tief
geritzt; es
harzt, will nicht
vernarben.

ENGFÜHRUNG

*

VERBRACHT ins
Gelände
mit der untrüglichen Spur:

Gras, auseinandergeschrieben. Die Steine, weiß,
mit den Schatten der Halme:
Lies nicht mehr – schau!
Schau nicht mehr – geh!

Geh, deine Stunde
hat keine Schwestern, du bist –
bist zuhause. Ein Rad, langsam,
rollt aus sich selber, die Speichen
klettern,
klettern auf schwärzlichem Feld, die Nacht
braucht keine Sterne, nirgends
fragt es nach dir.

*

                Nirgends
                        fragt es nach dir –

Der Ort, wo sie lagen, er hat
einen Namen – er hat
keinen. Sie lagen nicht dort. Etwas

lag zwischen ihnen. Sie
sahn nicht hindurch

Sahn nicht, nein,
redeten von
Worten. Keines
erwachte, der
Schlaf
kam über sie.

*

           Kam, kam. Nirgends
                  fragt es –

Ich bins, ich,
ich lag zwischen euch, ich war
offen, war
hörbar, ich tickte euch zu, euer Atem
gehorchte, ich
bin es noch immer, ihr
schlaft ja.

*

            Bin es noch immer –

Jahre.
Jahre, Jahre, ein Finger
tastet hinab und hinan, tastet

umher:
Nahtstellen, fühlbar, hier
klafft es weit auseinander, hier
wuchs es wieder zusammen – wer
deckte es zu?

*

                  Deckte es
                          zu – wer?

Kam, kam.
Kam ein Wort, kam,
kam durch die Nacht,
wollt leuchten, wollt leuchten.

Asche.
Asche, Asche.
Nacht.
Nacht-und-Nacht. – Zum
Aug geh, zum feuchten.

*

                Zum
                      Aug geh,
                                zum feuchten –

Orkane.
Orkane, von je,

Partikelgestöber, das andre,
du
weißts ja, wir
lasens im Buche, war
Meinung.

War, war
Meinung. Wie
faßten wir uns
an – an mit
diesen
Händen?

Es stand auch geschrieben, daß.
Wo? Wir
taten ein Schweigen darüber,
giftgestillt, groß,
ein
grünes
Schweigen, ein Kelchblatt, es
hing ein Gedanke an Pflanzliches dran –
grün, ja
hing, ja,
unter hämischem
Himmel.

An, ja,
Pflanzliches.

Ja.
Orkane, Par-
tikelgestöber, es blieb
Zeit, blieb,
es beim Stein zu versuchen – er
war gastlich, er
fiel nicht ins Wort. Wie
gut wir es hatten:

Körnig,
körnig und faserig. Stengelig,
dicht;
traubig und strahlig; nierig,
plattig und
klumpig; locker, ver-
ästelt –: er, es
fiel nicht ins Wort, es
sprach,
sprach gerne zu trockenen Augen, eh es sie schloß.

Sprach, sprach.
War, war.

Wir
ließen nicht locker, standen
inmitten, ein
Porenbau, und
es kam.

Kam auf uns zu, kam
hindurch, flickte

unsichtbar, flickte
an der letzten Membran,
und
die Welt, ein Tausendkristall,
schoß an, schoß an.

*

                  Schoß an, schoß an.
                          Dann –

Nächte, entmischt. Kreise,
grün oder blau, rote
Quadrate: die
Welt setzt ihr Innerstes ein
im Spiel mit den neuen
Stunden. – Kreise
rot oder schwarz, helle
Quadrate, kein
Flugschatten,
kein
Meßtisch, keine
Rauchseele steigt und spielt mit.

*

                  Steigt und
                        spielt mit –

In der Eulenflucht, beim
versteinerten Aussatz,
bei
unsern geflohenen Händen, in
der jüngsten Verwerfung,
überm
Kugelfang an
der verschütteten Mauer:

sichtbar, aufs
neue: die
Rillen, die

Chöre, damals, die
Psalmen. Ho, ho-
sianna.

Also
stehen noch Tempel. Ein
Stern
hat wohl noch Licht.
Nichts,
nichts ist verloren.

Ho-
sianna.

In der Eulenflucht, hier,
die Gespräche, taggrau,
der Grundwasserspuren.

*

    (– – taggrau,
             der
                     Grundwasserspuren –

Verbracht
ins Gelände
mit
der untrüglichen
Spur:

Gras.
Gras,
auseinandergeschrieben.)

In eins

Dreizehnter Feber. Im Herzmund
erwachtes Schibboleth. Mit dir,
Peuple
de Paris. *No pasarán.*

Schäfchen zur Linken: er, Abadias,
der Greis aus Huesca, kam mit den Hunden
über das Feld, im Exil
stand weiß eine Wolke
menschlichen Adels, er sprach
uns das Wort in die Hand, das wir brauchten, es war
Hirten-Spanisch, darin,

im Eislicht des Kreuzers »Aurora«:
die Bruderhand, winkend mit der
von den wortgroßen Augen
genommenen Binde – Petropolis, der
Unvergessenen Wanderstadt lag
auch dir toskanisch zu Herzen.

Friede den Hütten!

Du DARFST mich getrost
mit Schnee bewirten:
sooft ich Schulter an Schulter
mit dem Maulbeerbaum schritt durch den Sommer,
schrie sein jüngstes
Blatt.

DIE SCHWERMUTSSCHNELLEN HINDURCH,
am blanken
Wundenspiegel vorbei:
da werden die vierzig
entrindeten Lebensbäume geflößt.

Einzige Gegen-
schwimmerin, du
zählst sie, berührst sie
alle.

STEHEN, im Schatten
des Wundenmals in der Luft.

Für-niemand-und-nichts-Stehn.
Unerkannt,
für dich
allein.

Mit allem, was darin Raum hat,
auch ohne
Sprache.

FADENSONNEN
über der grauschwarzen Ödnis.
Ein baum-
hoher Gedanke
greift sich den Lichtton: es sind
noch Lieder zu singen jenseits
der Menschen.

(ICH KENNE DICH, du bist die tief Gebeugte,
ich, der Durchbohrte, bin dir untertan.
Wo flammt ein Wort, das für uns beide zeugte?
Du – ganz, ganz wirklich. Ich – ganz Wahn.)

VOM GROSSEN
Augen-
losen
aus deinen Augen geschöpft:

der sechs-
kantige, absageweiße
Findling.

Eine Blindenhand, sternhart auch sie
vom Namen-Durchwandern,
ruht auf ihm, so
lang wie auf dir,
Esther.

ALS UNS DAS WEISSE ANFIEL, nachts;
als aus dem Spendekrug mehr
kam als Wasser;
als das geschundene Knie
der Opferglocke den Wink gab:
Flieg! –

Da
war ich
noch ganz.

AM WEISSEN GEBETRIEMEN – der
Herr dieser Stunde
war
ein Wintergeschöpf, ihm
zulieb
geschah, was geschah –
biß sich mein kletternder Mund fest, noch einmal,
als er dich suchte, Rauchspur
du, droben,
in Frauengestalt,
du auf der Reise zu meinen
Feuergedanken im Schwarzkies
jenseits der Spaltworte, durch
die ich dich gehn sah, hoch-
beinig und
den schwerlippigen eignen
Kopf
auf dem von meinen
tödlich genauen
Händen
lebendigen Körper.

Sag deinen dich
bis in die Schluchten hinein-
begleitenden Fingern, wie
ich dich kannte, wie weit

ich dich ins Tiefe stieß, wo
dich mein bitterster Traum
herzher beschlief, im Bett
meines unablösbaren Namens.

MITTAGS, bei
Sekundengeflirr,
im Rundgräberschatten, in meinen
gekammerten Schmerz
– mit dir, Herbei-
geschwiegene, lebt ich
zwei Tage in Rom
von Ocker und Rot –
kommst du, ich liege schon da,
hell durch die Türen geglitten, waagrecht –:

es werden die Arme sichtbar, die dich umschlingen,
                              nur sie. Soviel
Geheimnis
bot ich noch auf, trotz allem.

Von der Orchis her –
geh, zähl
die Schatten der Schritte zusammen bis zu ihr
hinterm Fünfgebirg Kindheit –,
von ihr her, der
ich das Halbwort abgewinn für die Zwölfnacht,
kommt meine Hand dich zu greifen
für immer.

Ein kleines Verhängnis, so groß
wie der Herzpunkt, den ich
hinter dein meinen Namen
stammelndes Aug setz,
ist mir behilflich.

           Du kommst auch,
wie über Wiesen,
und bringst das Bild einer Kaimauer mit,
da würfelten, als
unsre Schlüssel, tief im Verwehrten,
sich kreuzten in Wappengestalt,
Fremde mit dem, was
wir beide noch immer besitzen
an Sprache,
an Schicksal.

SCHWIRRHÖLZER fahren ins Licht, die Wahrheit
gibt Nachricht.

Drüben die Ufer-
böschung schwillt uns entgegen,
ein dunkler
Tausendglanz – die
auferstandenen Häuser! –
singt.

Ein Eisdorn – auch wir
hatten gerufen –
versammelt die Klänge.

ABENDS, in
Hamburg, ein
unendlicher Schuhriemen – an
ihm
kauen die Geister –
bindet zwei blutige Zehen zusammen
zum Wegschwur.

COAGULA

Auch deine
Wunde, Rosa.

Und das Hörnerlicht deiner
rumänischen Büffel
an Sternes Statt überm
Sandbett, im
redenden, rot-
aschengewaltigen
Kolben.

EINMAL,
da hörte ich ihn,
da wusch er die Welt,
ungesehn, nachtlang,
wirklich.

Eins und Unendlich,
vernichtet,
ichten.

Licht war. Rettung.

SCHREIB DICH NICHT
zwischen die Welten,

komm auf gegen
der Bedeutungen Vielfalt,

vertrau der Tränenspur
und lerne leben.

AUGENBLICKE, wessen Winke,
keine Helle schläft.
Unentworden, allerorten,
sammle dich,
steh.

WER
HERRSCHT?

Farbenbelagert das Leben, zahlenbedrängt.

Die Uhr
stiehlt sich die Zeit beim Kometen,
die Degen
angeln,
der Name
vergoldet die Finten,
das Springkraut, behelmt,
beziffert die Punkte im Stein.

Schmerz, als Wegschneckenschatten.
Ich höre, es wird gar nicht später.
Fad und Falsch, in den Sätteln,
messen auch dieses hier aus.

Kugellampen statt deiner.
Lichtfallen, grenzgöttisch, statt
unsrer Häuser.

Die schwarzdiaphane
Gauklergösch
in unterer
Kulmination.

Der erkämpfte Umlaut im Unwort:
dein Abglanz: der Grabschild
eines der Denkschatten
hier.

HENDAYE

Die orangene Kresse,
steck sie dir hinter die Stirn,
schweig den Dorn heraus aus dem Draht,
mit dem sie schöntut, auch jetzt,
hör ihm zu,
eine Ungeduld lang.

IN DEN GERÄUSCHEN, wie unser Anfang,
in der Schlucht,
wo du mir zufielst,
zieh ich sie wieder auf, die
Spieldose – du
weißt: die unsichtbare,
die
unhörbare.

LYON, LES ARCHERS

Der Eisenstachel, gebäumt,
in der Ziegelsteinnische:
das Neben-Jahrtausend
fremdet sich ein, unbezwingbar,
folgt
deinen fahrenden Augen,

jetzt,
mit herbeigewürfelten Blicken,
weckst du, die neben dir ist,
sie wird schwerer,
schwerer,

auch du, mit allem
Eingefremdeten in dir,
fremdest dich ein,
tiefer,

die Eine
Sehne
spannt ihren Schmerz unter euch,

das verschollene Ziel
strahlt, Bogen.

DIE KÖPFE, ungeheuer, die Stadt,
die sie baun,
hinterm Glück.

Wenn du noch einmal mein Schmerz wärst, dir treu,
und es käm eine Lippe vorbei, diesseitig, am
Ort, wo ich aus mir herausreich,

ich brächte dich durch
diese Straße
nach vorn.

WO BIN ICH
heut?

Die Gefahren, alle,
mit ihrem Gerät,
bäurisch verhumpelt,

forkenhoch
die Himmelsbrache gehißt,

die Verluste, kalkmäulig – ihr
redlichen Münder, ihr Tafeln! –
in der entwinkelten Stadt,
vor Glimmerdroschken gespannt,

– Goldspur, entgegengestemmte
Goldspur! –,

die Brücken, vom Strom überjauchzt,

die Liebe, droben im Ast,
an Kommend-Entkommendem deutelnd,

das Große Licht,
zum Funken erhoben,
rechts von den Ringen
und allem Gewinn.

DIE LÄNGST ENTDECKTEN
flüstern sich Briefworte zu,
flüstern das Wort ohne Blatt, das umspähte,
groß wie dein Taler,

hör auch
mein starkes
Du-
weißt-wie,

das hohe Herbei, die Umarmung
ist mit uns, ohne Ende,
auf der Treppe
zum Hafen,

der Stechschritt erlahmt,
Odessitka.

AUF ÜBERREGNETER FÄHRTE
die kleine Gauklerpredigt der Stille.

Es ist, als könntest du hören,
als liebt ich dich noch.

DIE LIEBE, zwangsjackenschön,
hält auf das Kranichpaar zu.

Wen, da er durchs Nichts fährt,
holt das Veratmete hier
in eine der Welten herüber?

IRISCH

Gib mir das Wegrecht
über die Kornstiege zu deinem Schlaf,
das Wegrecht
über den Schlafpfad,
das Recht, daß ich Torf stechen kann
am Herzhang,
morgen.

DIE RAUCHSCHWALBE stand im Zenith, die Pfeil-
schwester,

die Eins der Luft-Uhr
flog dem Stundenzeiger entgegen,
tief hinein ins Geläut,

der Hai
spie den lebenden Inka aus,

es war Landnahme-Zeit
in Menschland,

alles
ging um,
entsiegelt wie wir.

DENK DIR

Denk dir:
der Moorsoldat von Massada
bringt sich Heimat bei, aufs
unauslöschlichste,
wider
allen Dorn im Draht.

Denk dir:
die Augenlosen ohne Gestalt
führen dich frei durchs Gewühl, du
erstarkst und
erstarkst.

Denk dir: deine
eigene Hand
hat dies wieder
ins Leben empor-
gelittene
Stück
bewohnbarer Erde
gehalten.

Denk dir:
das kam auf mich zu,
namenwach, handwach
für immer,
vom Unbestattbaren her.

WIRFST DU
den beschrifteten
Ankerstein aus?

Mich hält hier nichts,

nicht die Nacht der Lebendigen,
nicht die Nacht der Unbändigen,
nicht die Nacht der Wendigen,

Komm, wälz mit mir den Türstein
vors Unbezwungene Zelt.

(Er hatte in der Stadt Paris
den Spatzeneid geschworn,
kein Giftkorn blieb unaufgepickt,
kein Dorn ging je verlorn.

Er hatte in der Stadt Paris
getschilpt vor jedem Tor.
Was sich nie auftat, fliegt jetzt auf,
tschilpt ihm das Jenseits vor.)

WIR LAGEN
schon tief in der Macchia, als du
endlich herankrochst.
Doch konnten wir nicht
hinüberdunkeln zu dir:
es herrschte
Lichtzwang.

BEILSCHWÄRME
über uns,

Gespräche
mit Tüllenäxten im Tiefland –

Inselflur du,
mit der dich
übernebelnden
Hoffnung.

BEI BRANCUSI, ZU ZWEIT

Wenn dieser Steine einer
verlauten ließe,
was ihn verschweigt:
hier, nahebei,
am Humpelstock dieses Alten,
tät es sich auf, als Wunde,
in die du zu tauchen hättst,
einsam,
fern meinem Schrei, dem schon mit-
behauenen, weißen.

Wo ICH mich in dir vergaß,
wardst du Gedanke,

etwas
rauscht durch uns beide:
der Welt erste
der letzten
Schwingen,

mir wächst
das Fell zu überm
gewittrigen
Mund,

du
kommst nicht
zu
dir.

SINK mir weg
aus der Armbeuge,

nimm den Einen
Pulsschlag mit,

verbirg dich darin,
draußen.

Wie du dich ausstirbst in mir:

noch im letzten
zerschlissenen
Knoten Atems
steckst du mit einem

Splitter
Leben.

DER VON DEN UNBESCHRIEBENEN
Blättern
abgelesene Brief,

der Totstell-Reflexe
grausilberne Kette darauf,
gefolgt von drei silbernern
Takten.

Du weißt: der Sprung
geht über dich, immer.

Ich kann dich noch sehn: ein Echo,
ertastbar mit Fühl-
wörtern, am Abschieds-
grat.

Dein Gesicht scheut leise,
wenn es auf einmal
lampenhaft hell wird
in mir, an der Stelle,
wo man am schmerzlichsten Nie sagt.

FÜR DEN LERCHENSCHATTEN
brachgelegt das Verborgne,

un-
verhärtet
eingebracht die erfahrene
Stille, ein Acker, inslig,
im Feuer,

nach der
abgesättigten Hoffnung,
nach allem
abgezweigten Geschick:

die unbußfertig ersungenen
Moosopfer, wo du

mich suchst, blindlings.

AUCH MICH, den wie du Geborenen, hält keine Hand,
und keine wirft mir ein Glück in die Stunde, nicht anders
als dir,
dem wie ich in Stierblut Getauchten,

doch stehen die Zahlen bereit, der Träne zu leuchten,
die in die Welt schnellt
aus unserm Nabel,

doch geht in die große Silbenschrift ein,
was uns nah kam, einzeln,

und die Mandelhode
gewittert
und blüht.

SPERRTONNENSPRACHE, Sperrtonnenlied.
Die Dampfwalze wummert
die zweite
Ilias
ins aufgerissene
Pflaster,

sandgesäumt
staunen die alten
Bilder sich nach, in die Gosse,

ölig verbluten die Krieger
in Silberpfützen, am Straßen-
rand, tuckernd,

Troja, das staubbekrönte,
sieht ein.

Sᴘᴇʀʀɪɢᴇꜱ Mᴏʀɢᴇɴ,
ich beiße mich in dich, ich schweige mich an dich,

wir tönen,
allein,

pastos
vertropfen die Ewigkeitsklänge,
durchquäkt
von heutigem
Gestern,

wir fahren,

groß
nimmt uns der letzte
Schallbecher auf:

den beschleunigten Herzschritt
draußen
im Raum,
bei ihr, der Erd-
achse.

WIRK NICHT VORAUS,
sende nicht aus,
steh
herein:

durchgründet vom Nichts,
ledig allen
Gebets,
feinfügig, nach
der Vor-Schrift,
unüberholbar,

nehm ich dich auf,
statt aller
Ruhe.

UNGEWASCHEN, UNBEMALT,
in der Jenseits-
Kaue:

da,
wo wir uns finden,
Erdige, immer,

ein
verspätetes
Becherwerk geht
durch uns Zerwölkte hindurch,
nach oben, nach unten,

aufrührerisch
flötets darin, mit Narren-
beinen,

der Flugschatten im
irisierenden Rund
heilt uns ein, in der Sieben-
höhe,

eiszeitlich nah
steuert das Filzschwanenpaar
durch die schwebende
Stein-Ikone

DU MIT DER FINSTERZWILLE,
du mit dem Stein:

Es ist Überabend,
ich leuchte hinter mir selbst.
Hol mich runter,
mach mit uns
Ernst.

EINGEJÄNNERT
in der bedornten
Balme. (Betrink dich
und nenn sie
Paris.)

Frostgesiegelt die Schulter;
stille
Schuttkäuze drauf;
Buchstaben zwischen den Zehen;
Gewißheit.

LARGO

Gleichsinnige du, heidegängerisch Nahe:

über-
sterbens-
groß liegen
wir beieinander, die Zeit-
lose wimmelt
dir unter den atmenden Lidern,

das Amselpaar hängt
neben uns, unter
unsern gemeinsam droben mit-
ziehenden weißen

Meta-
stasen.

FÜR ERIC

In der Flüstertüte
buddelt Geschichte,

in den Vororten raupen die Tanks,

unser Glas
füllt sich mit Seide,

wir stehn.

UND KRAFT UND SCHMERZ
und was mich stieß
und trieb und hielt:

Hall-Schalt-
Jahre,

Fichtenrausch, einmal,

dein Typhus, Tanja,

die wildernde Überzeugung,
daß dies anders zu sagen sei als
so.

Das seidenverhangene Nirgend
widmet dem Strahl seine Dauer,

ich kann dich hier
sehn.

Eingehn dürfen bei euch, ausgehn –

Unter der Sandhaube steuert
dein unbelauscht schlafendes
Hirn
den unverwirkbaren, einen,
ozeanischen
Tag,

komm, ich hell auf,

komm, ich geb dich
mir und auch dir,
Überzüchtete,
Schwere.

VOR MEIN
wetterleuchtendes Knie
kommt die Hand zu stehn,
mit der du
dir übers Aug fuhrst,

ein Klirren
holt sich Gewißheit
im Kreis, den ich zog
um uns zwei,

manchmal freilich
stirbt der Himmel
unsern Scherben
voraus.

KLEINE NACHT: wenn du
mich hinnimmst, hinnimmst,
hinauf,
drei Leidzoll überm
Boden:

alle die Sterbemäntel aus Sand,
alle die Helfenichtse,
alles, was da noch
lacht
mit der Zunge –

AN DIE HALTLOSIGKEITEN
sich schmiegen:

es schnippen
zwei Finger im Abgrund, in den
Sudelheften
rauscht Welt auf, es kommt
auf dich an.

ICH ALBERE mit meiner Nacht,
wir kapern
alles,
was sich hier losriß,

lad du mir auch deine
Finsternis auf
die halben, fahrenden
Augen,

auch sie soll es hören,
von überallher,
das unwiderlegbare Echo
jeder Verschattung.

MEINE
dir zugewinkelte Seele
hört dich
gewittern,

in deiner Halsgrube lernt
mein Stern, wie man wegsackt
und wahr wird,

ich fingre ihn wieder heraus –
komm, besprich dich mit ihm,
noch heute.

Es stand
der Feigensplitter auf deiner Lippe,

es stand
Jerusalem um uns,

es stand
der Hellkiefernduft
überm Dänenschiff, dem wir dankten,

ich stand
in dir.

WIR, DIE WIE DER STRANDHAFER WAHREN,
in N'we Awiwim,

der ungeküßte
Stein einer Klage
rauscht auf,
vor Erfüllung,

er befühlt unsre Münder,
er wechselt
über zu uns,

eingetan ist uns
sein Weiß,

wir geben uns weiter:
an dich und an mich,

die Nacht, sieh dich vor, die sand-
befehligte,
nimmt es genau
mit uns zwein.

Es WIRD etwas sein, später,
das füllt sich mit dir
und hebt sich
an einen Mund

Aus dem zerscherbten
Wahn
steh ich auf
und seh meiner Hand zu,
wie sie den einen
einzigen
Kreis zieht

REBLEUTE graben
die dunkelstündige Uhr um,
Tiefe um Tiefe,

du liest,

es fordert
der Unsichtbare den Wind
in die Schranken,

du liest,

die Offenen tragen
den Stein hinterm Aug,
der erkennt dich,
am Sabbath.

DIE POLE
sind in uns,
unübersteigbar
im Wachen,
wir schlafen hinüber, vors Tor
des Erbarmens,

ich verliere dich an dich, das
ist mein Schneetrost,

sag, daß Jerusalem i s t,

sags, als wäre ich dieses
dein Weiß,
als wärst du
meins,

als könnten wir ohne uns wir sein,

ich blättre dich auf, für immer,

du betest, du bettest
uns frei.

NACHWORT
von Ben Becker

Seine Gedichte gelten als schwer verständlich, gar als unverständlich. Der Lyriker Paul Celan ist der Autor, so will es die allgemein verbreitete Meinung weiterhin, nicht bloß in sich verschlossener, abweisender Verse; sie stimmen darüber hinaus traurig, weil befrachtet, für einige überfrachtet, mit individuellem Leid und geschichtlichen Katastrophen. Um ihnen gerecht zu werden, sie verstehen zu können, benötige der normale Leser gleich eine Handvoll germanistischer Fachliteratur – im nachhinein betrachtet eine grandios in die Irre gehende Vorstellung.

Derart eingeschüchtert von dünkelhaften Kollegen und Kritikern machte ich eine ganze Weile einen Bogen um Celans Werk. Vor nicht allzulanger Zeit schenkte mir meine Mutter jedoch sein Buch *Mohn und Gedächtnis*. Wir sind im Jahr 2012, es war im Original genau sechzig Jahre zuvor erschienen und hatte das schwarze Leinen der Erstausgabe. Ich fing, mit den besagten Vorurteilen im Kopf, am späten Abend mit der Lektüre an – und las und las und las. Fast bin ich versucht, zu sagen, es sei Spannung wie bei einem besonderen Kriminalroman gewesen, die mich in das Buch hineinzog und mich nicht aus seinen Gedichtkrallen losließ, so sehr, daß ich es erst nach dem letzten Gedicht weit nach Mitternacht zur Seite legte. So bewahrt die Nachterinnerung z. B.: »DIE EWIGKEIT // Rinde des Nachtbaums, rostgeborene

Messer / flüstern dir zu die Namen, die Zeit und die Herzen. / Ein Wort, das schlief, als wir's hörten, / schlüpft unters Laub: / beredt wird der Herbst sein, / beredter die Hand, die ihn aufliest, / frisch wie der Mohn des Vergessens der Mund, der sie küßt.«

Los: Alles von Celan besorgen, alles lesen, hin- und zurückblättern, wieder von vorn anfangen oder irgendwo in der Mitte der hilfreichen einbändigen Sammlung sämtlicher Gedichte einhaken und nicht mehr weiter können oder ein Gedicht zweimal, dreimal hintereinander studieren, es allen Anwesenden, ob sie wollten oder nicht, vorsprechen, vortragen, vorsingen, mal mit klarer Stimme, mal nur mehr gebrochen, leise, den Tränen nahe (nicht nur nahe).

Mir eröffnete sich ein lyrisches Weltpanorama, das die Welt in all ihren Konflikten, Gegensätzen, Leidenschaften, Katastrophen (die Krankheit Celans, das Verhältnis zu Frau und Sohn: es trifft mich im Innersten), in Zuneigung (Celans Liebesgedichte: schön viele von ihnen gibt es, und sie rühren ganz tief an) und in Haß, ihren Stimmungen und Rhythmen in haltbarer, weil durchgebildeter Sprache enthielt: *In eins,* wie ein Gedicht betitelt ist.

Das zwang mich unausweichlich zur Suche nach einer Person, die in der Lage ist, die von mir vorgetragenen Celanschen Sprachrhythmen kongenial in Musikrhythmen zu übertragen, sie fortzusetzen, sie nicht zu illustrieren, eine eigene Atmosphäre zu schaffen, die der Celans gleichgewichtig zur Seite steht. Wer anderes als Giora Feidman konnte das sein?

Die hier vorgenommene Auswahl aus dem Werk von Paul Celan unterliegt keinen wie immer gearteten Kriterien: sie will weder repräsentativ noch thematisch geordnet auftreten, weder biographische Stationen ihres Autors nachzeichnen noch ein Sampler der Celan-Hits sein – sie ist chronologisch angeordnet und gehorcht allein meinem Fühlen und meinem Verstand, also beidem, gleichzeitig und in eins.

NACHWEISE

Paul Celan, *Die Gedichte. Kommentierte Gesamtausgabe in einem Band*, herausgegeben und kommentiert von Barbara Wiedemann, Frankfurt am Main: Suhrkamp Verlag 2003.

Der Abdruck der Gedichte auf den Seiten 7-20 (aus: *Mohn und Gedächtnis*) sowie auf den Seiten 21-28 (aus: *Von Schwelle zu Schwelle*) erfolgt mit freundlicher Genehmigung der Deutschen Verlags-Anstalt GmbH, München, in der Verlagsgruppe Random House GmbH. Der Abdruck der Gedichte auf den Seiten 29-39 (aus: *Sprachgitter*) sowie auf der Seite 40 (aus: *Die Niemandsrose*) erfolgt mit freundlicher Genehmigung des S. Fischer Verlags, Frankfurt am Main.

INHALT

Die mit einem Sternchen gekennzeichneten Gedichte werden zusammen mit Briefen des Autors von Ben Becker während der *Hommage an Paul Celan* vorgetragen, mit der er und Giora Feidman auf deutschsprachigen Bühnen zu sehen sind.

Paul Celan
Zweistimmig
Mit Giora Feidman & Ben Becker
1 CD, Lesung mit Musik, ca. 65 Min.
ISBN 978-3-8371-2364-7
Erschienen bei Random House Audio.

Paul Celans »Todesfuge« gilt als eines der Schlüsselgedichte des 20. Jahrhunderts, seine Gedichtbände zählen zu den wichtigsten Werken der deutschen Nachkriegslyrik. Gelesen von Ben Becker und von Giora Feidman meisterhaft in Melodien gesetzt, wird offenbar, was Celans Gedichte auszeichnet: nicht nur Schwermut, wie man angesichts seiner Biographie meinen könnte, sondern Menschlichkeit in einer Intensität, die den Zuhörer bereichert.